AF225362

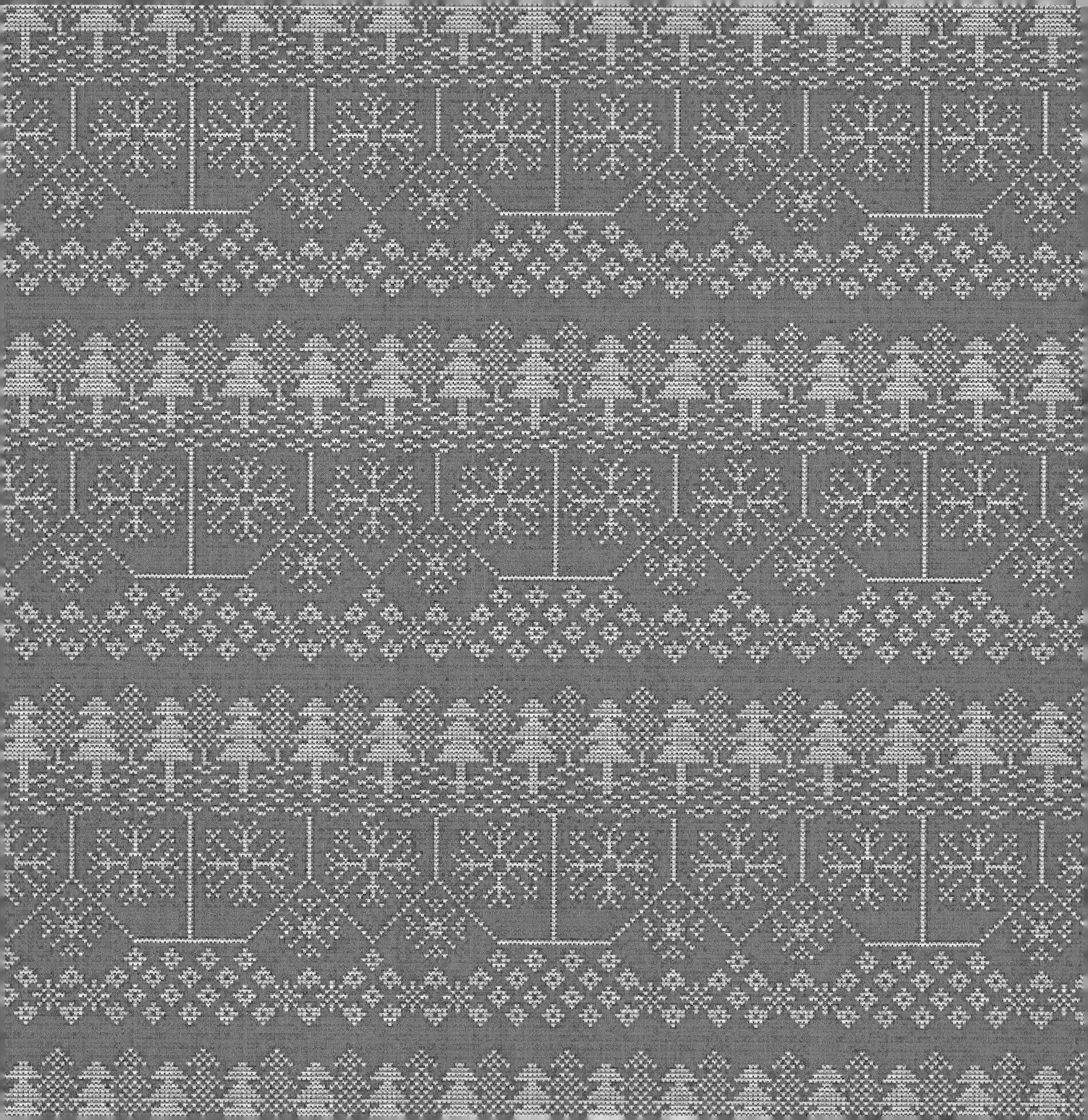

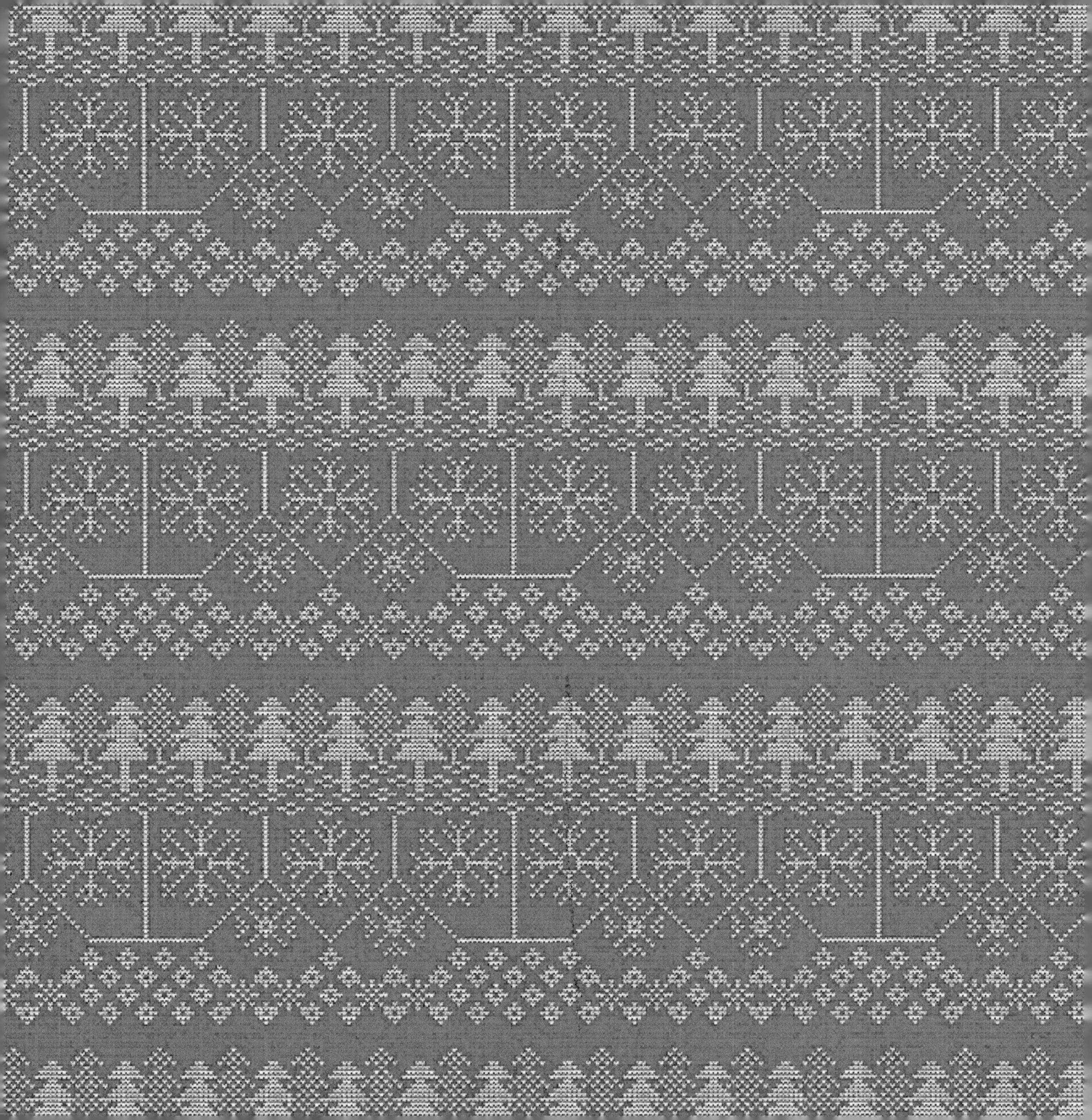

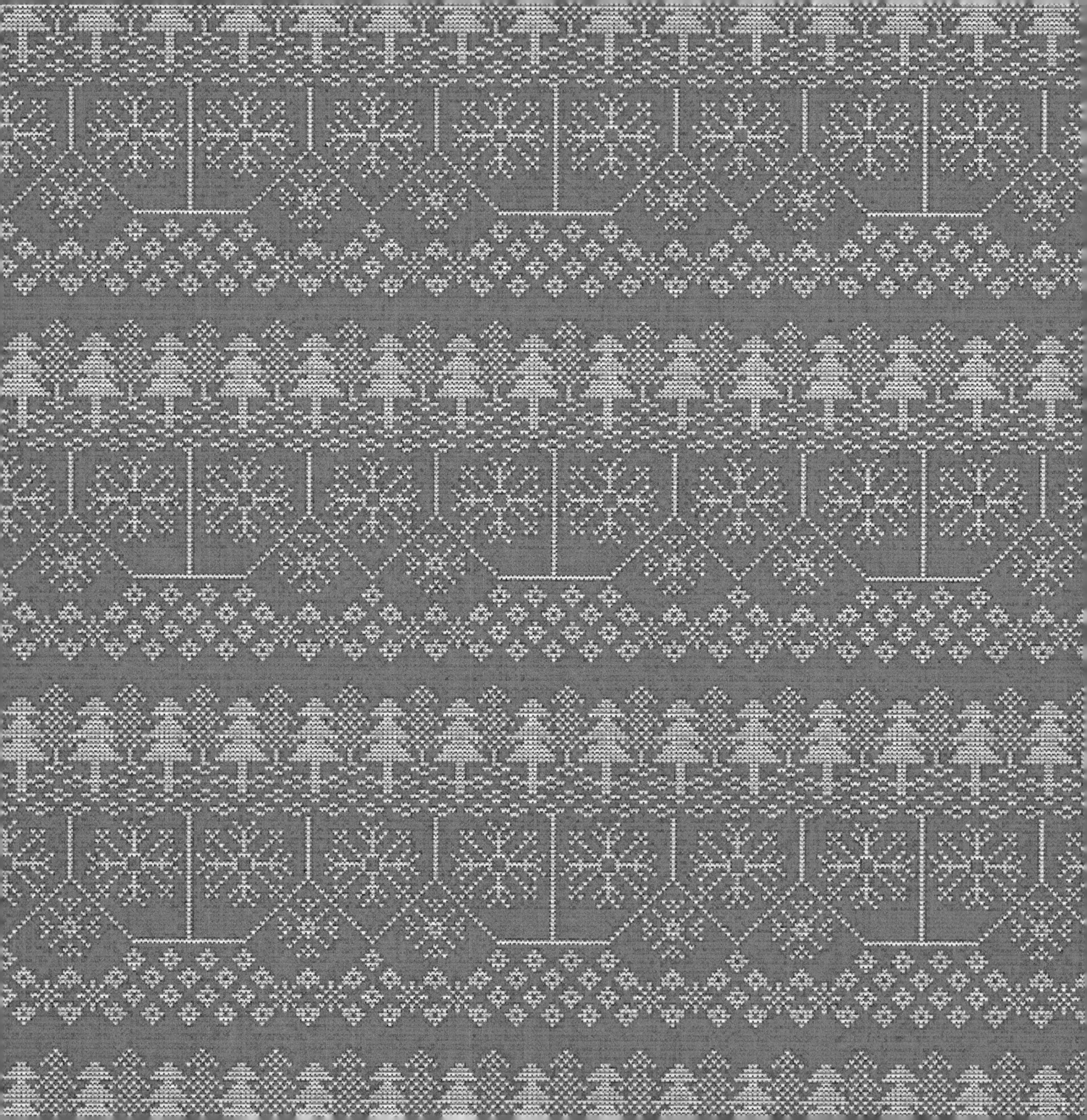

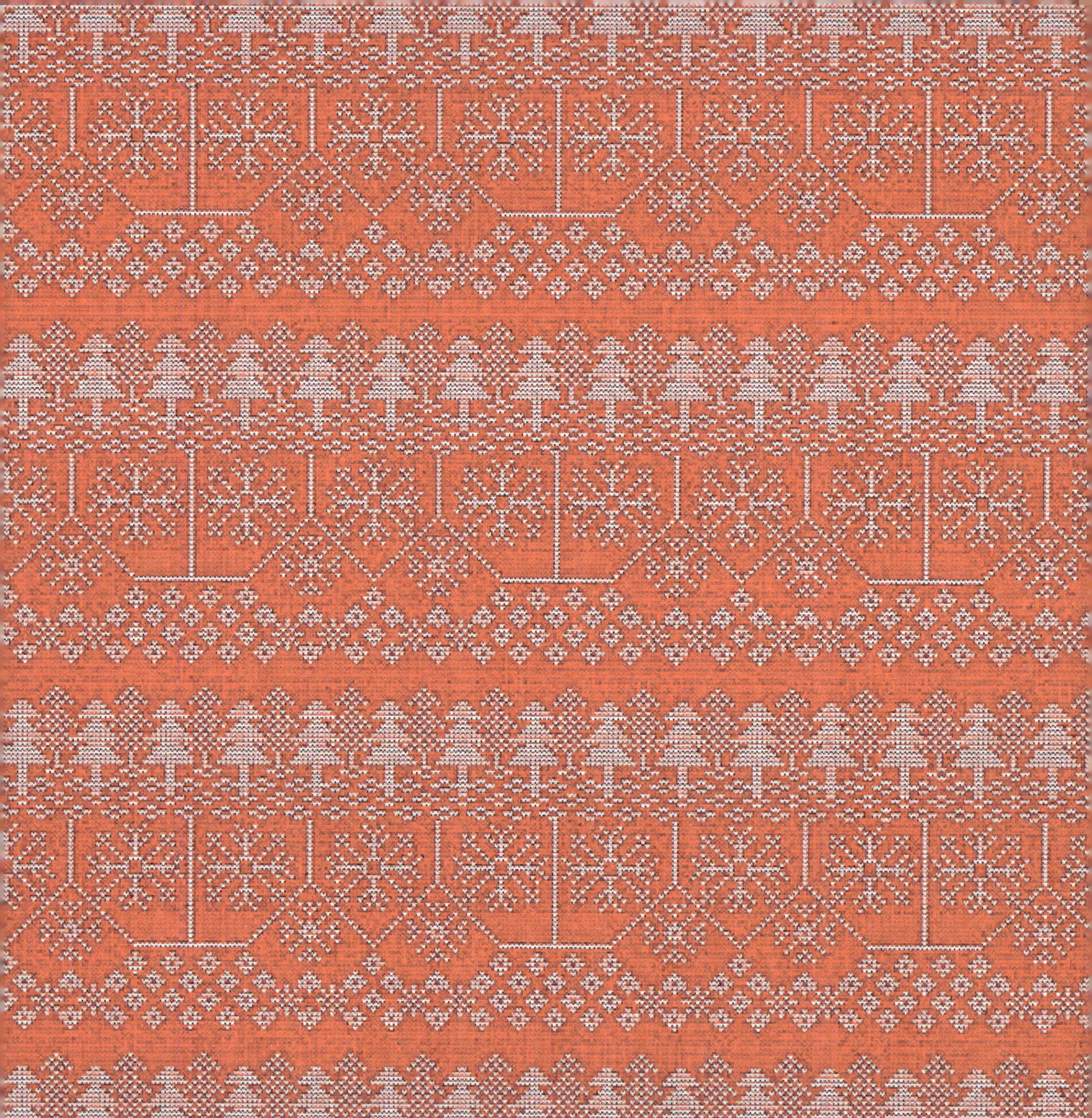

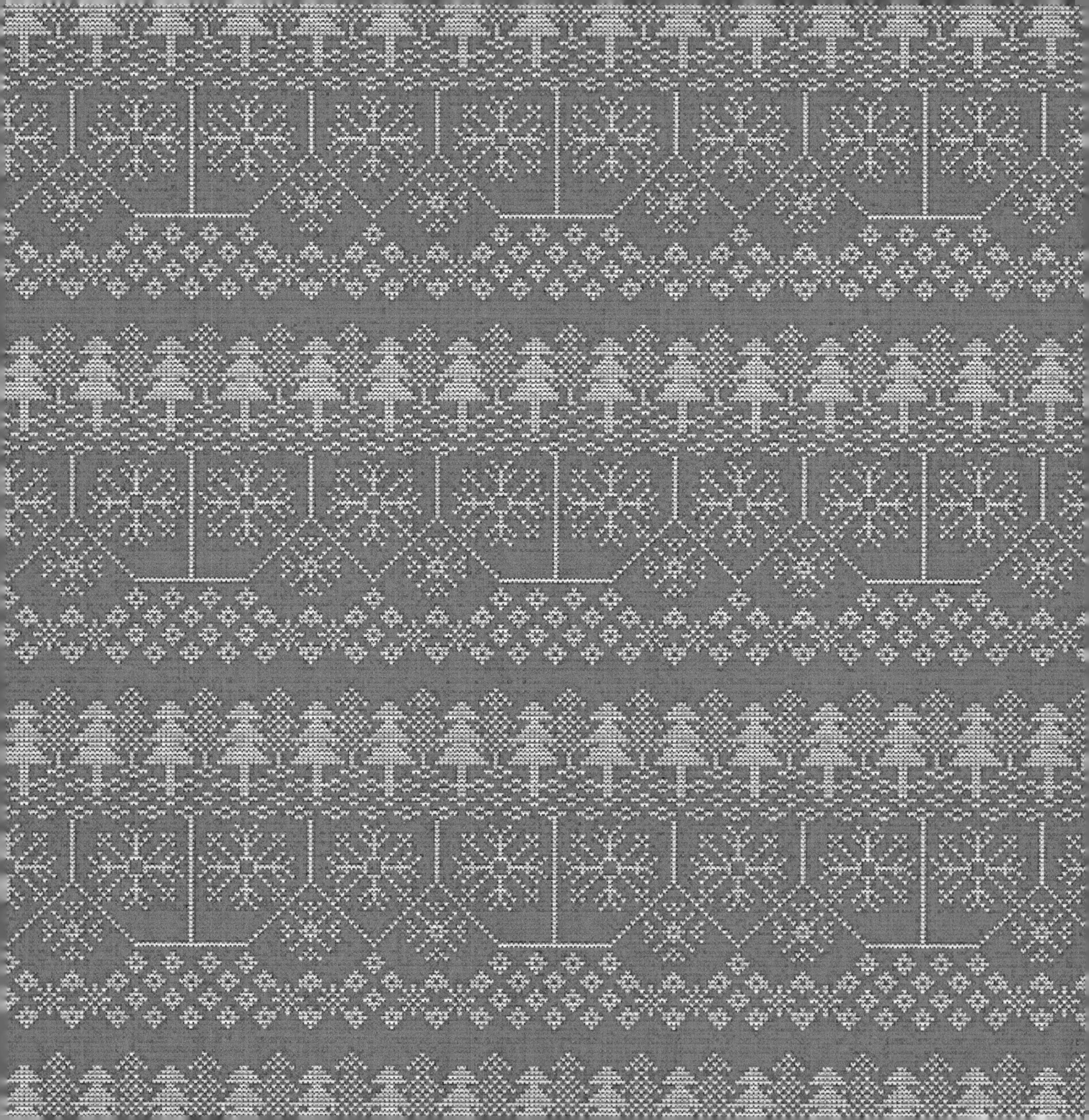

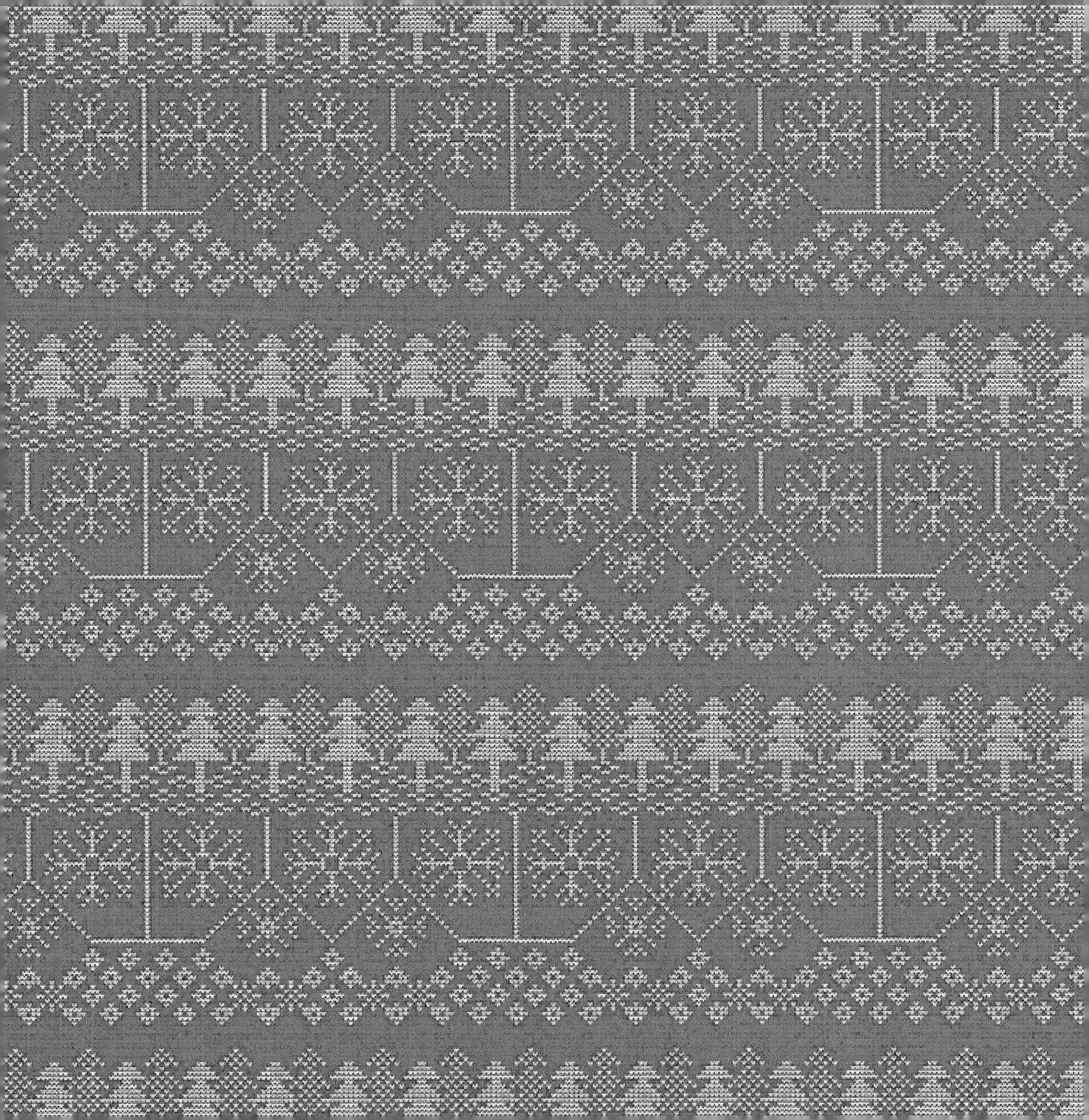

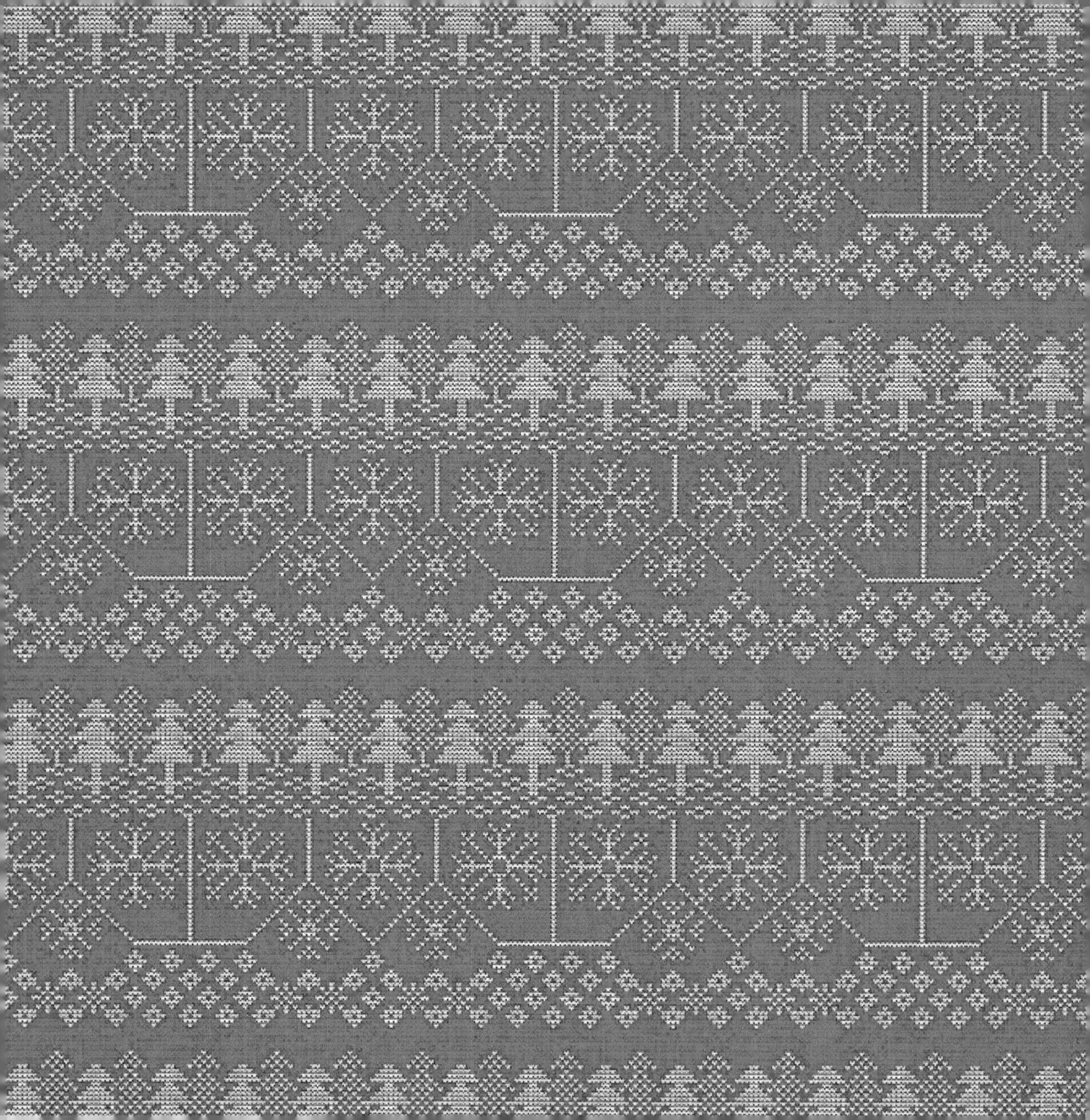

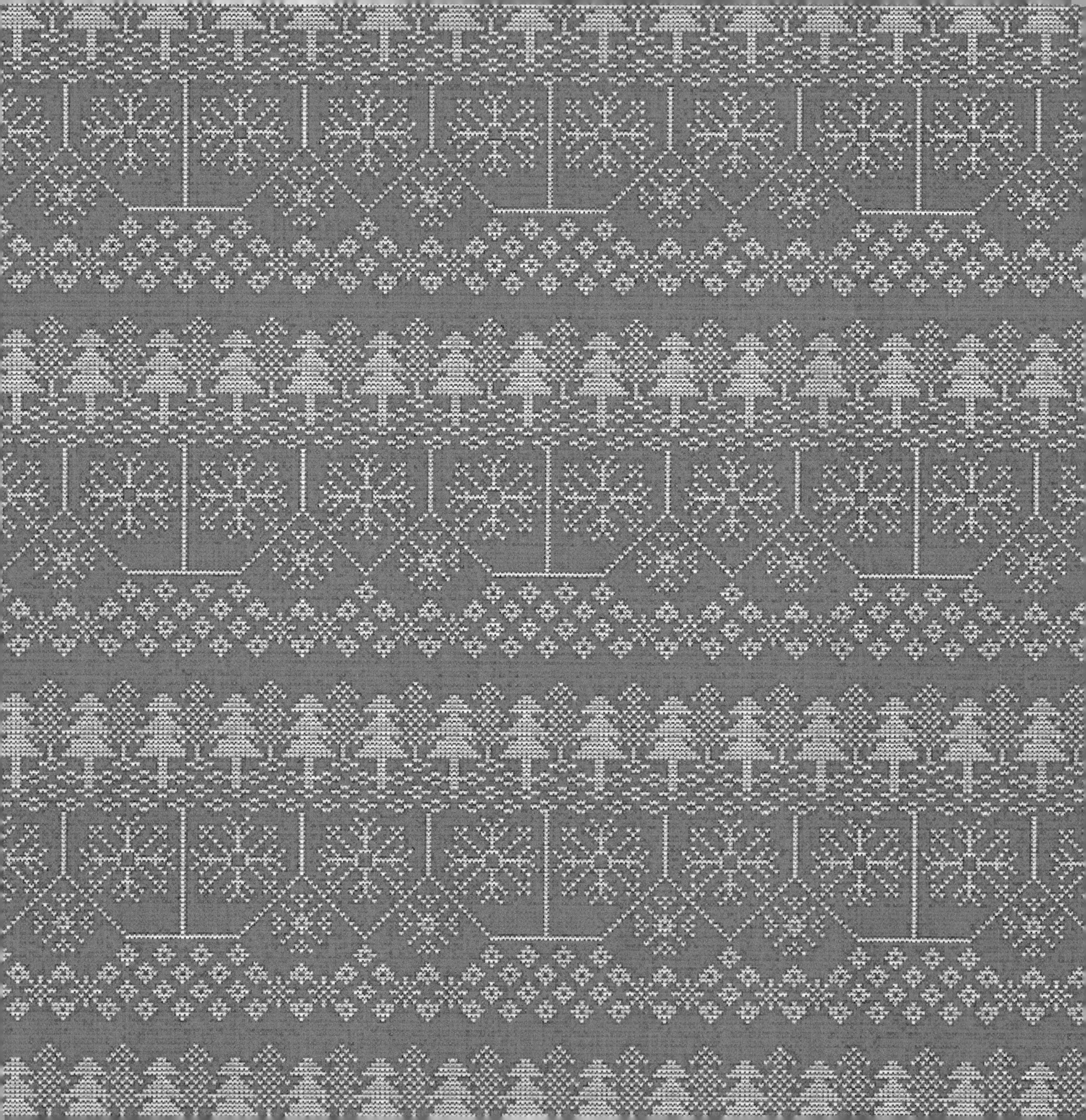

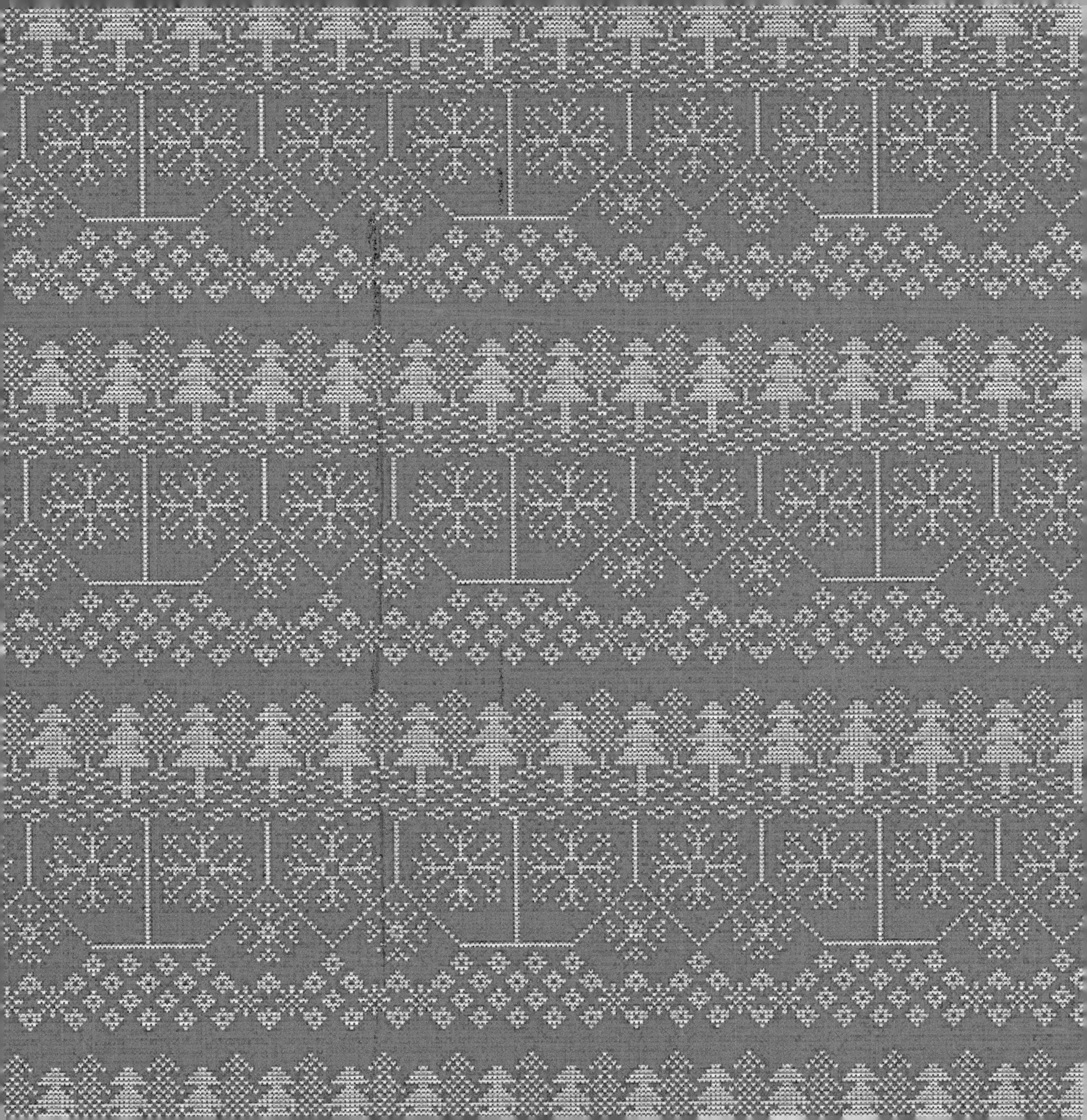

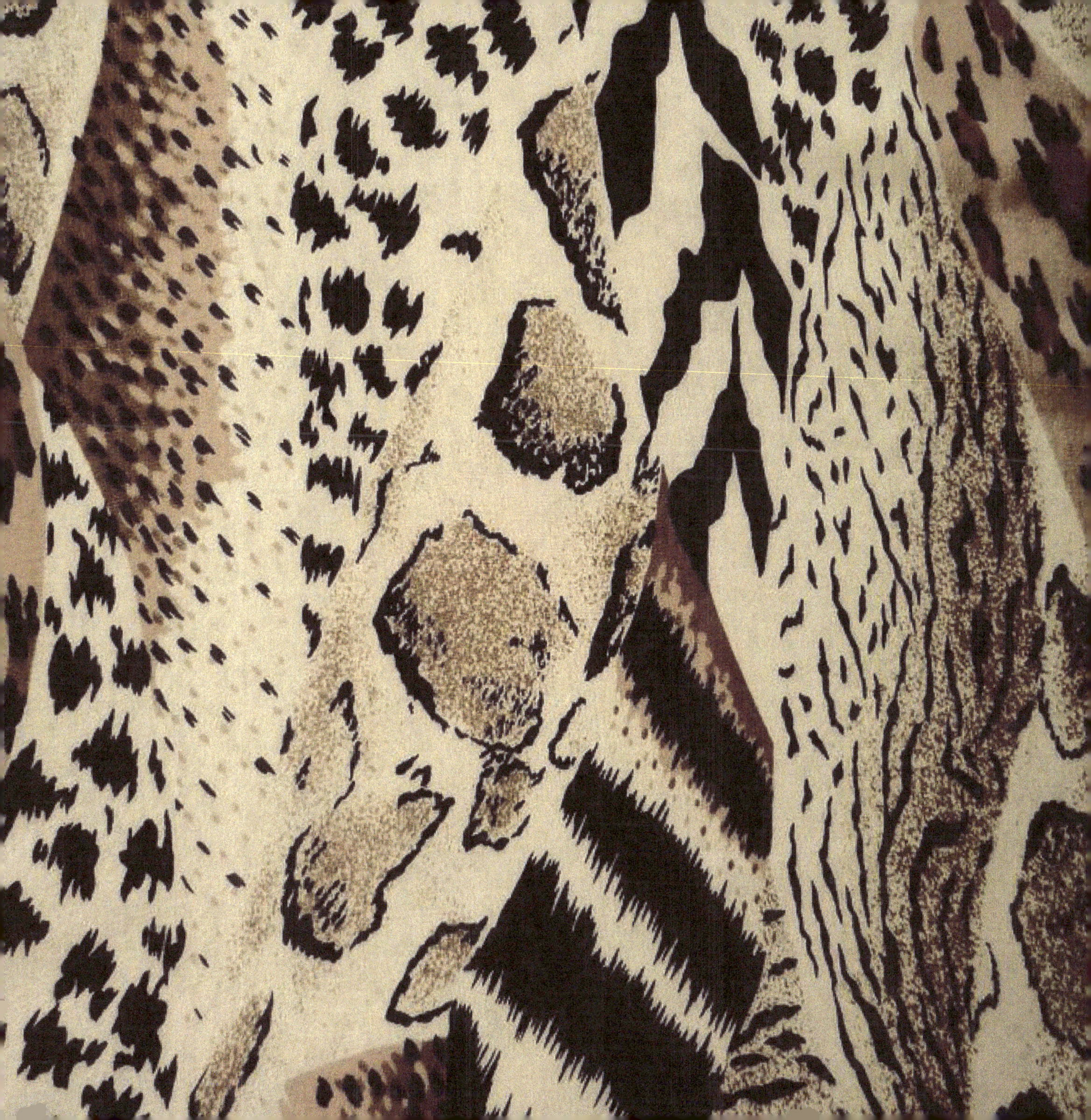

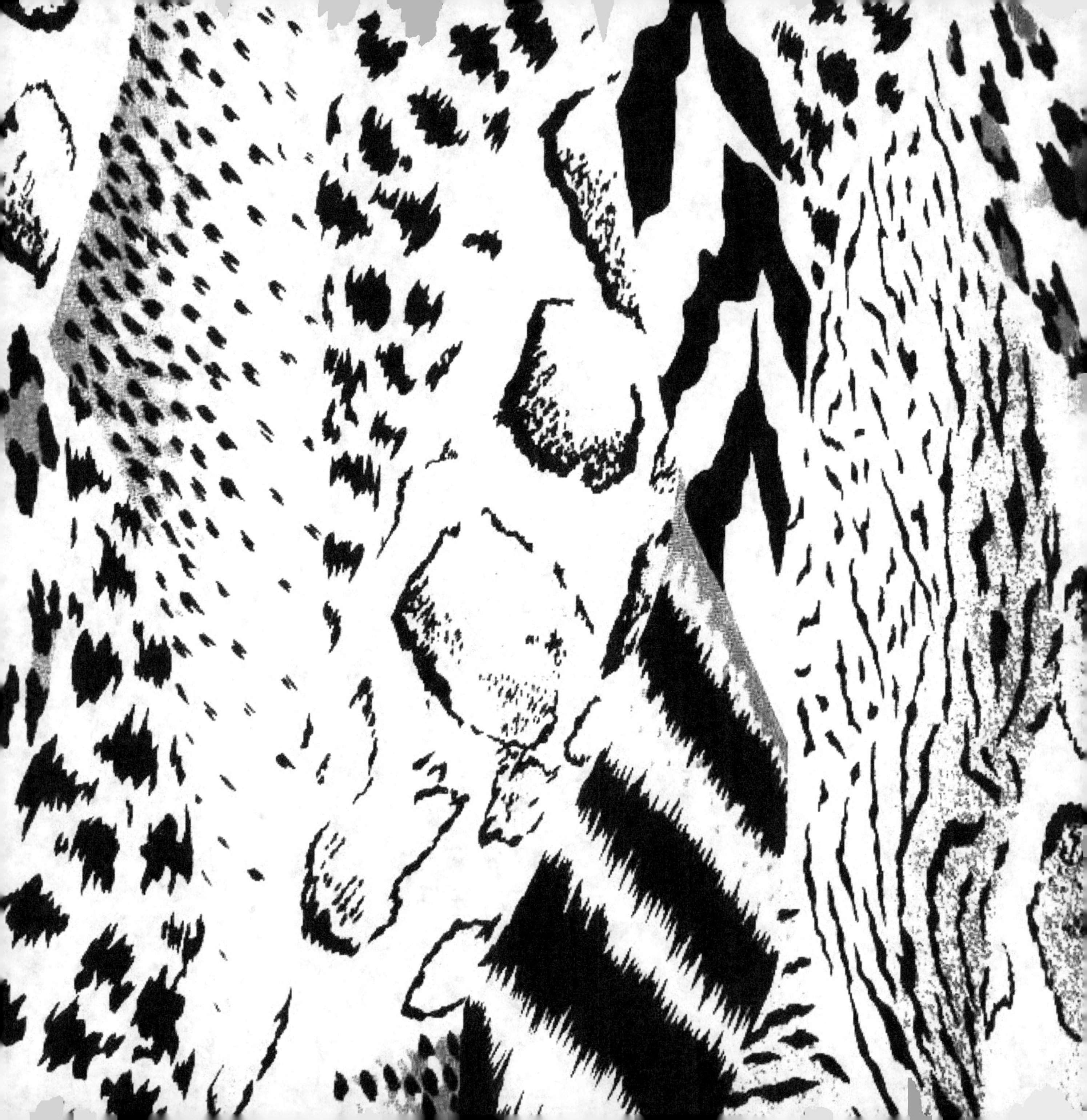

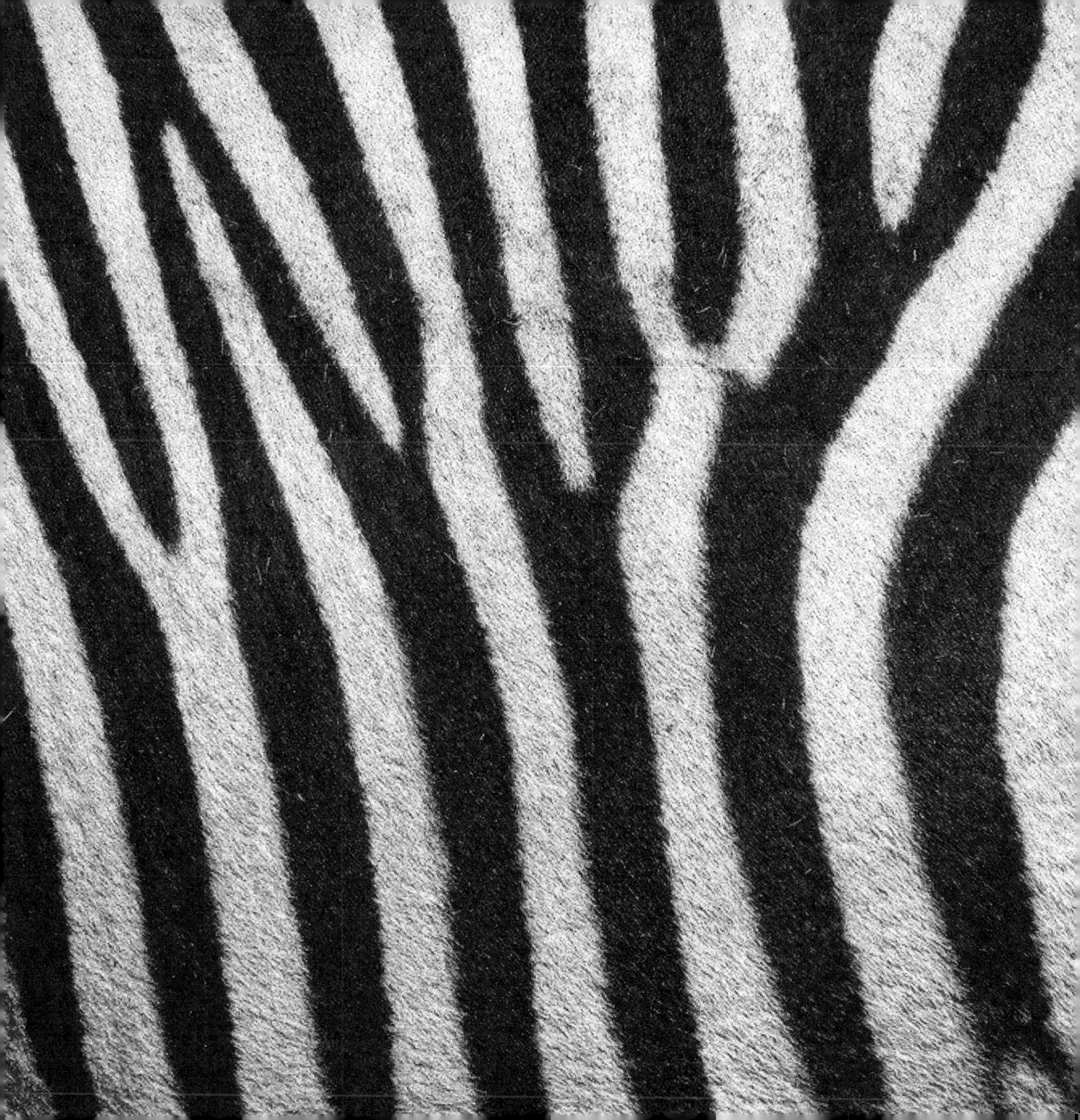

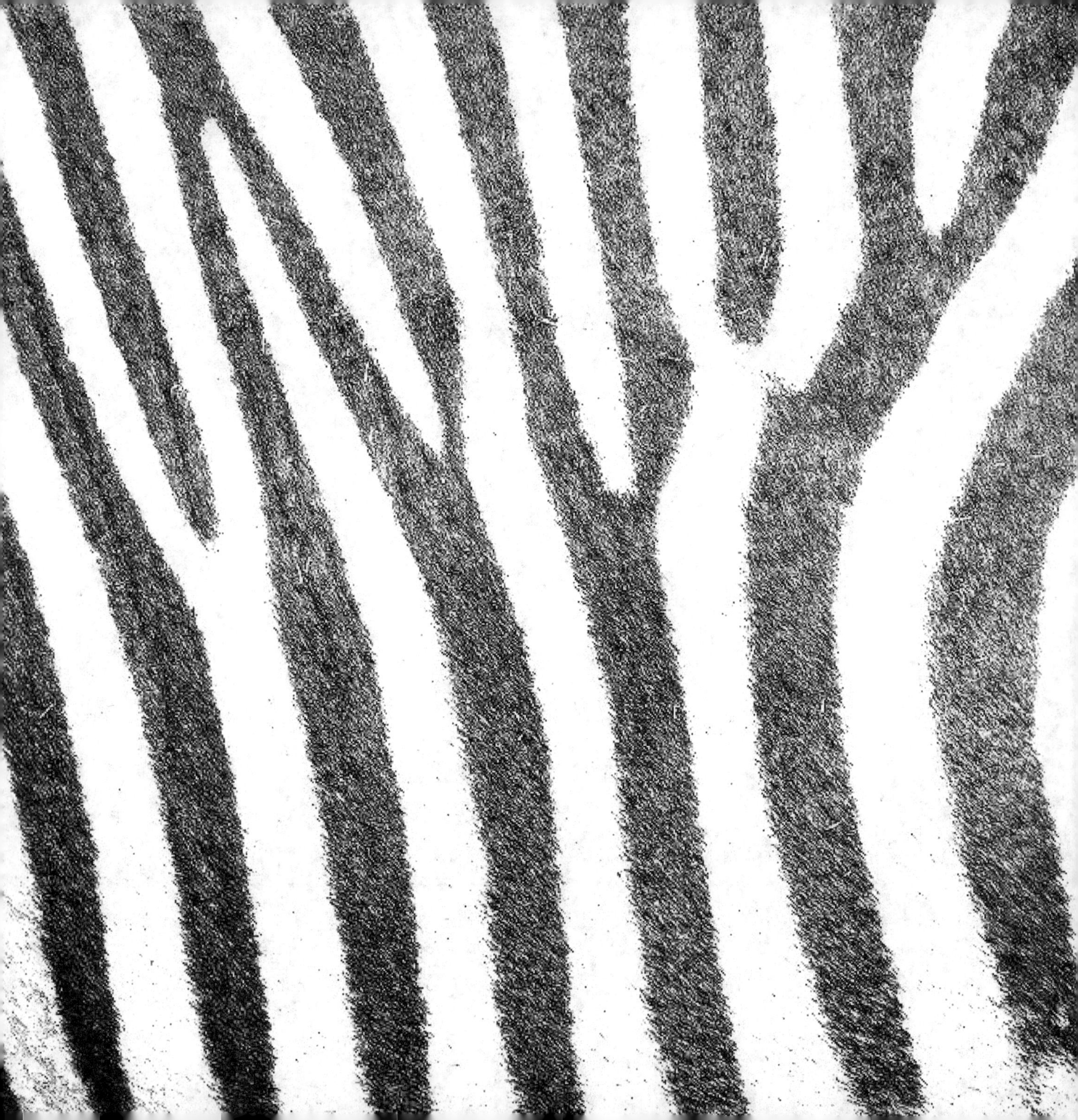

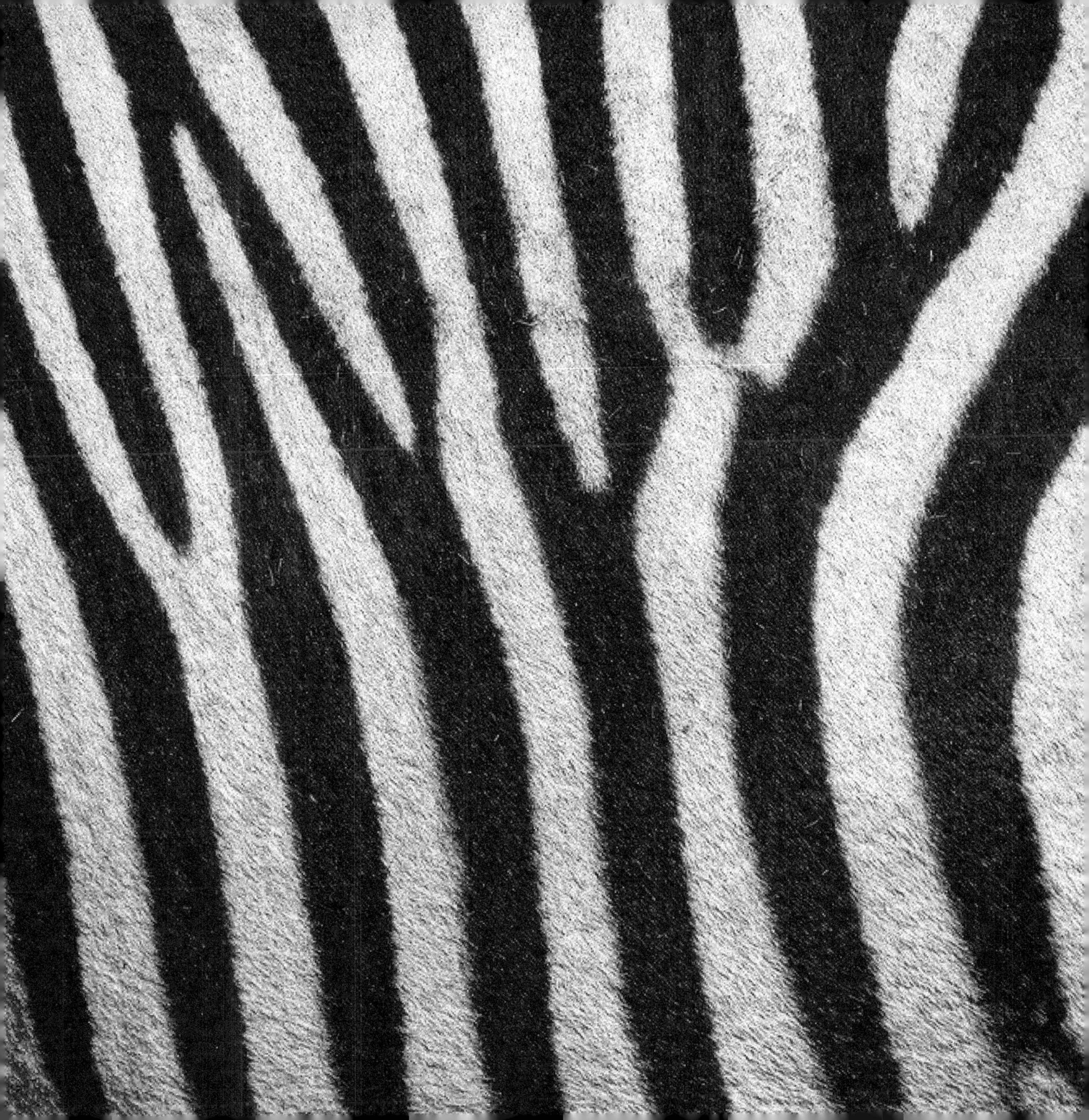

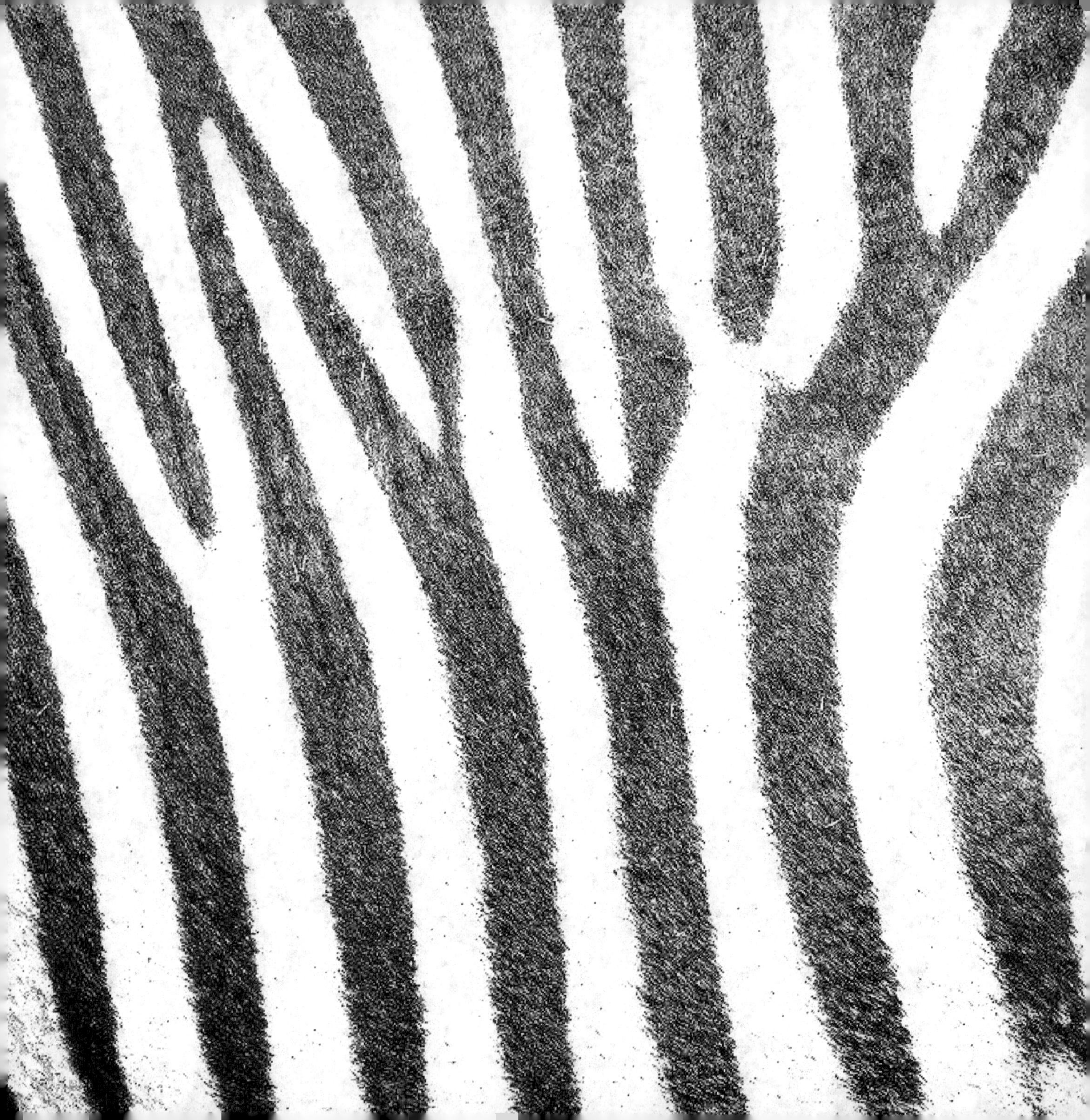

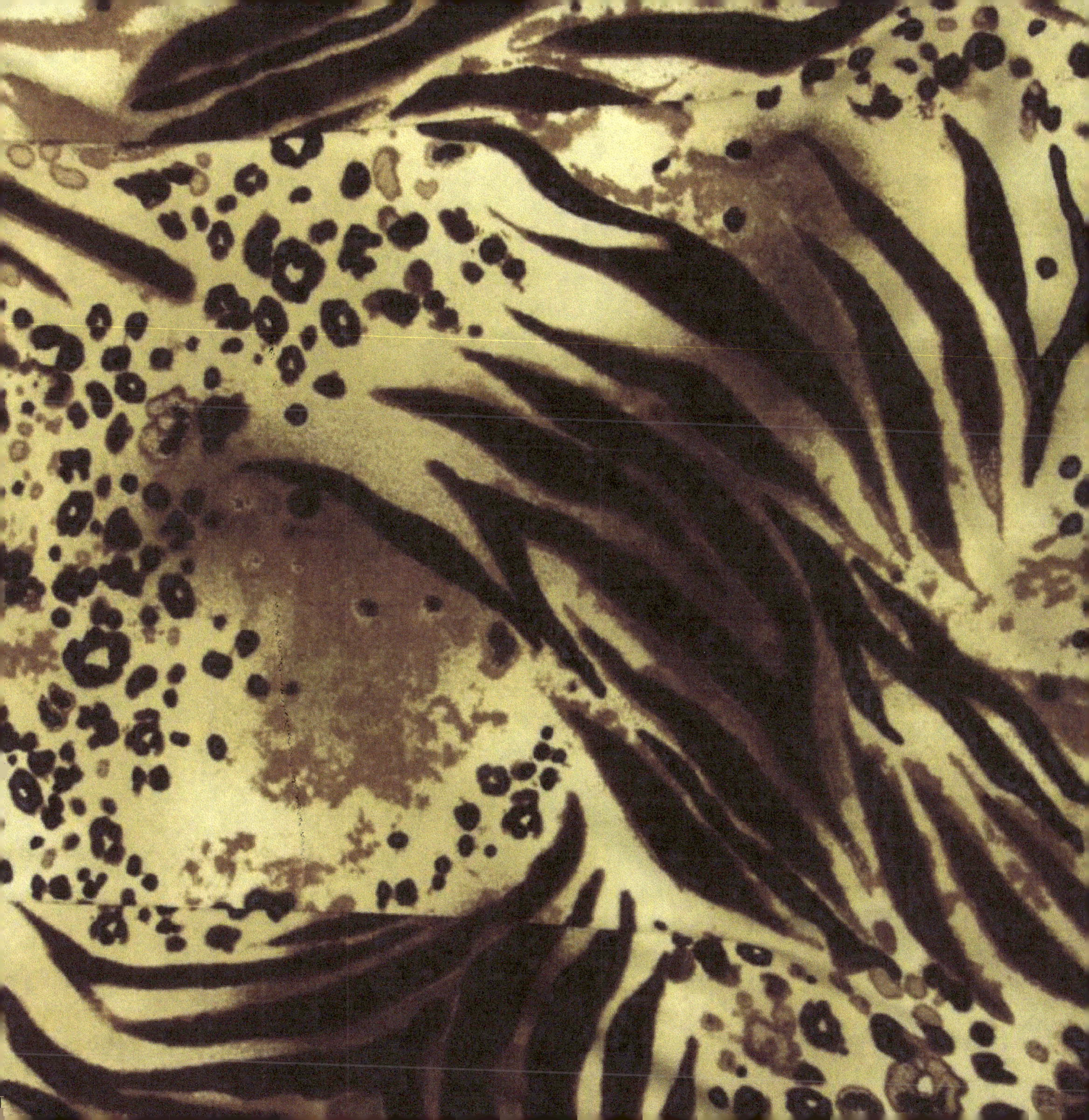

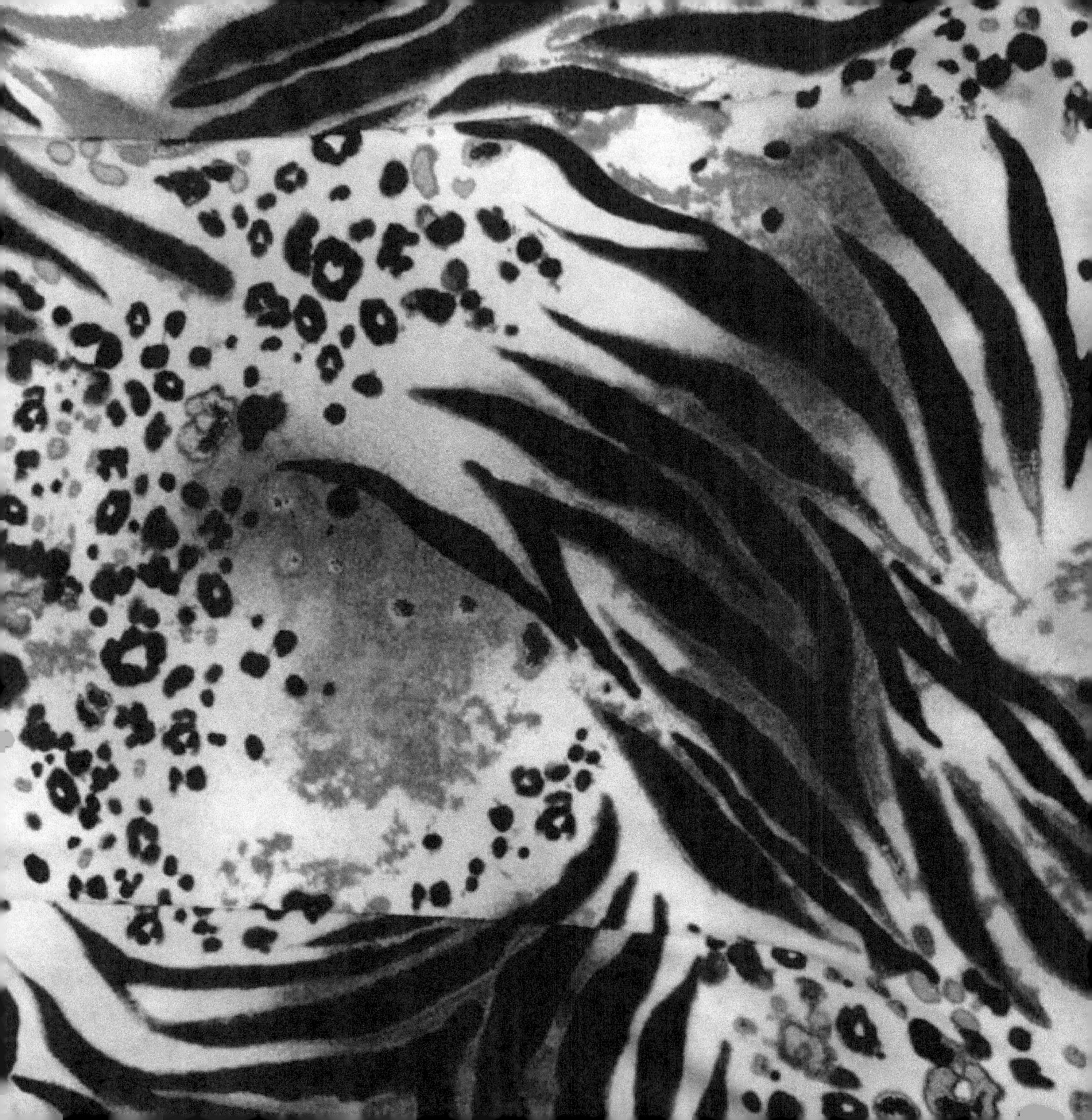

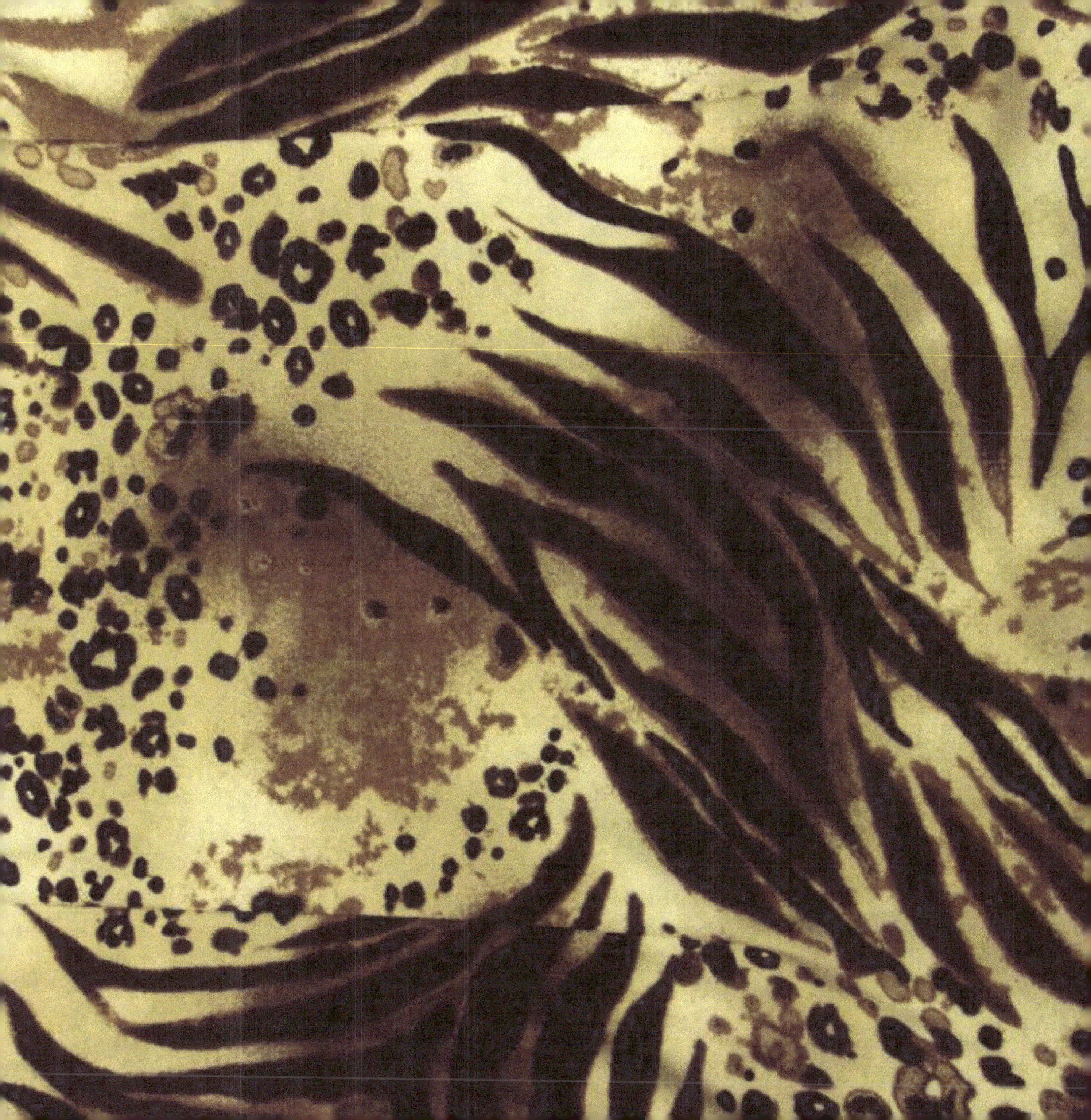

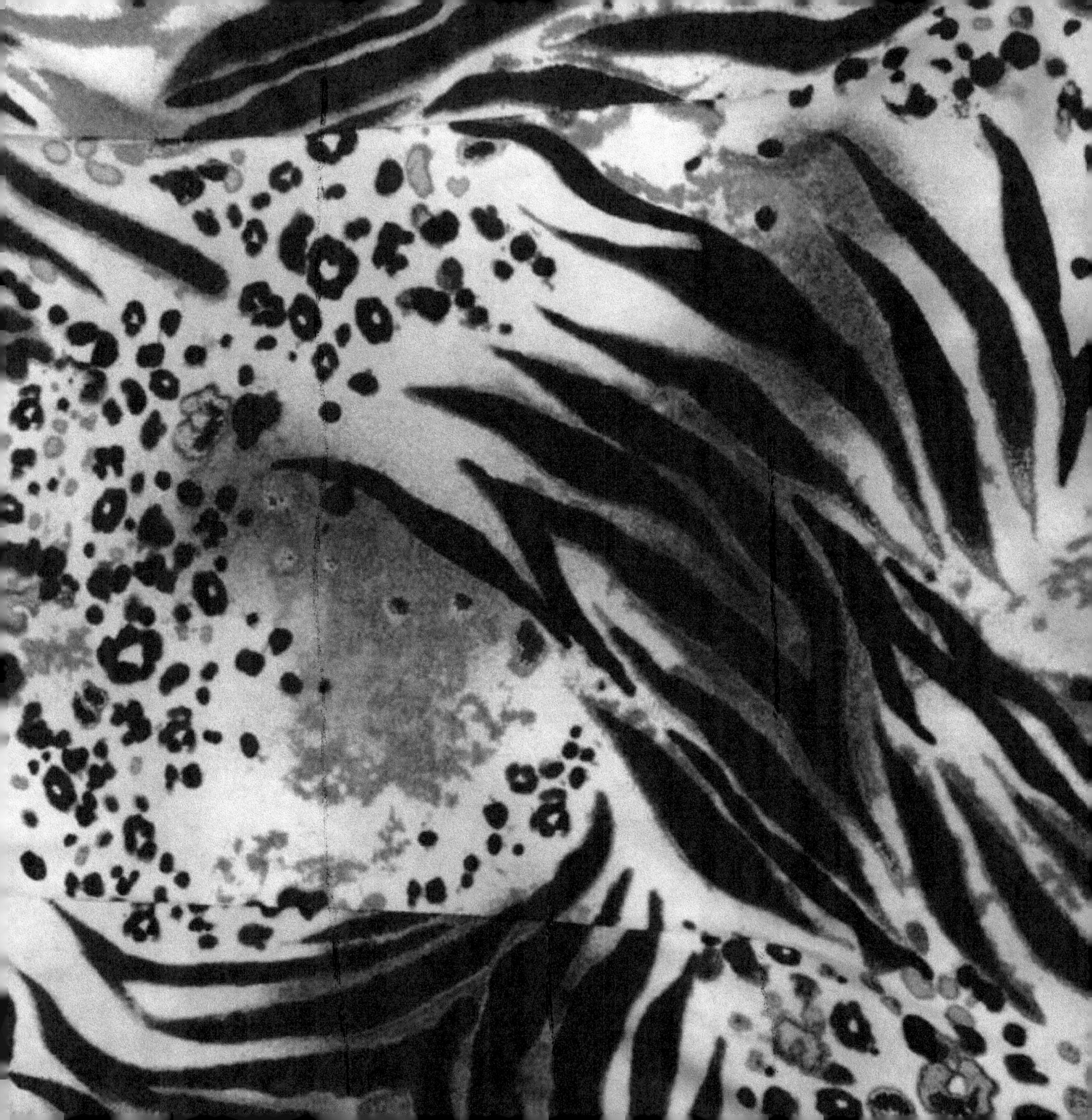

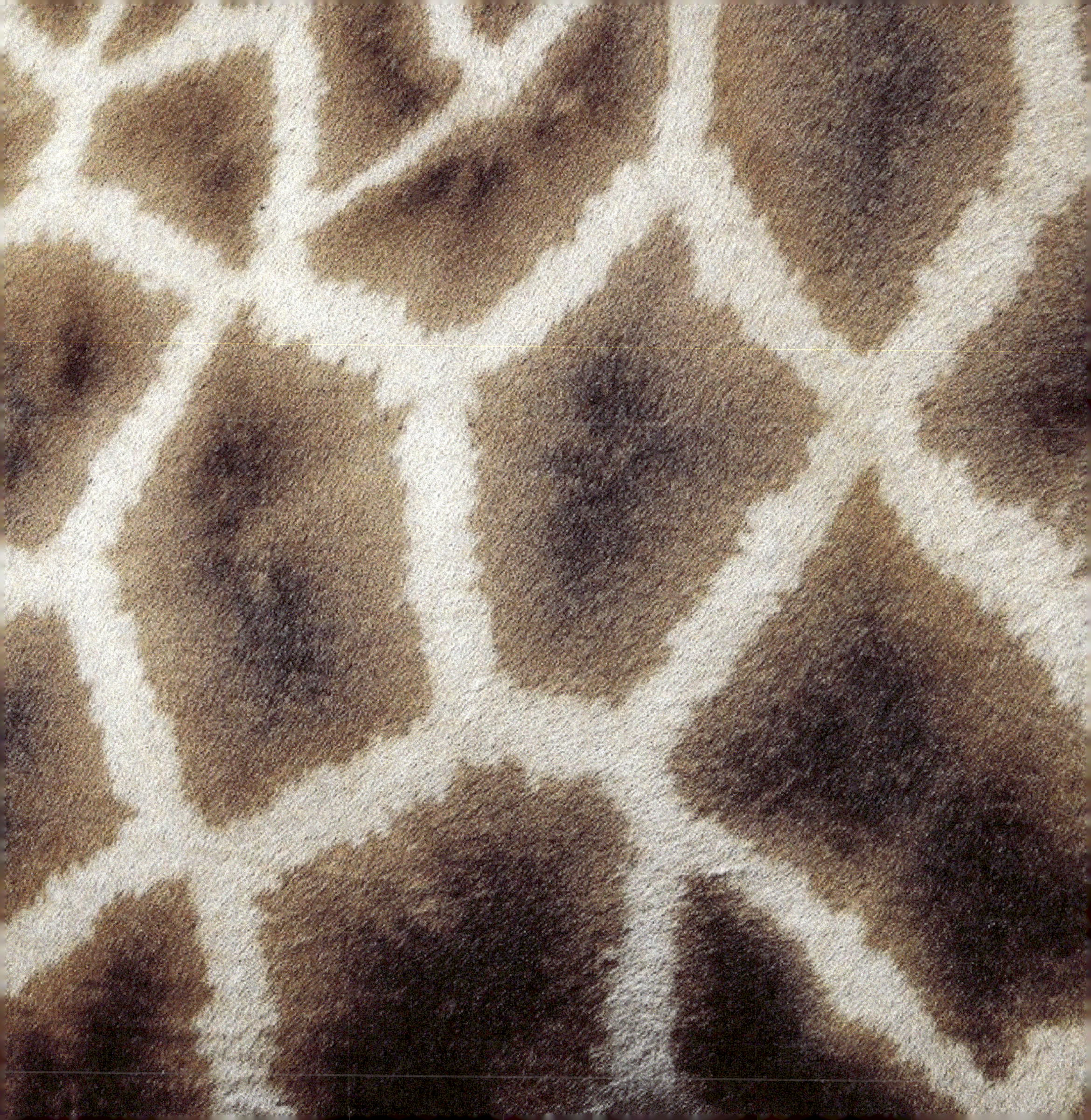

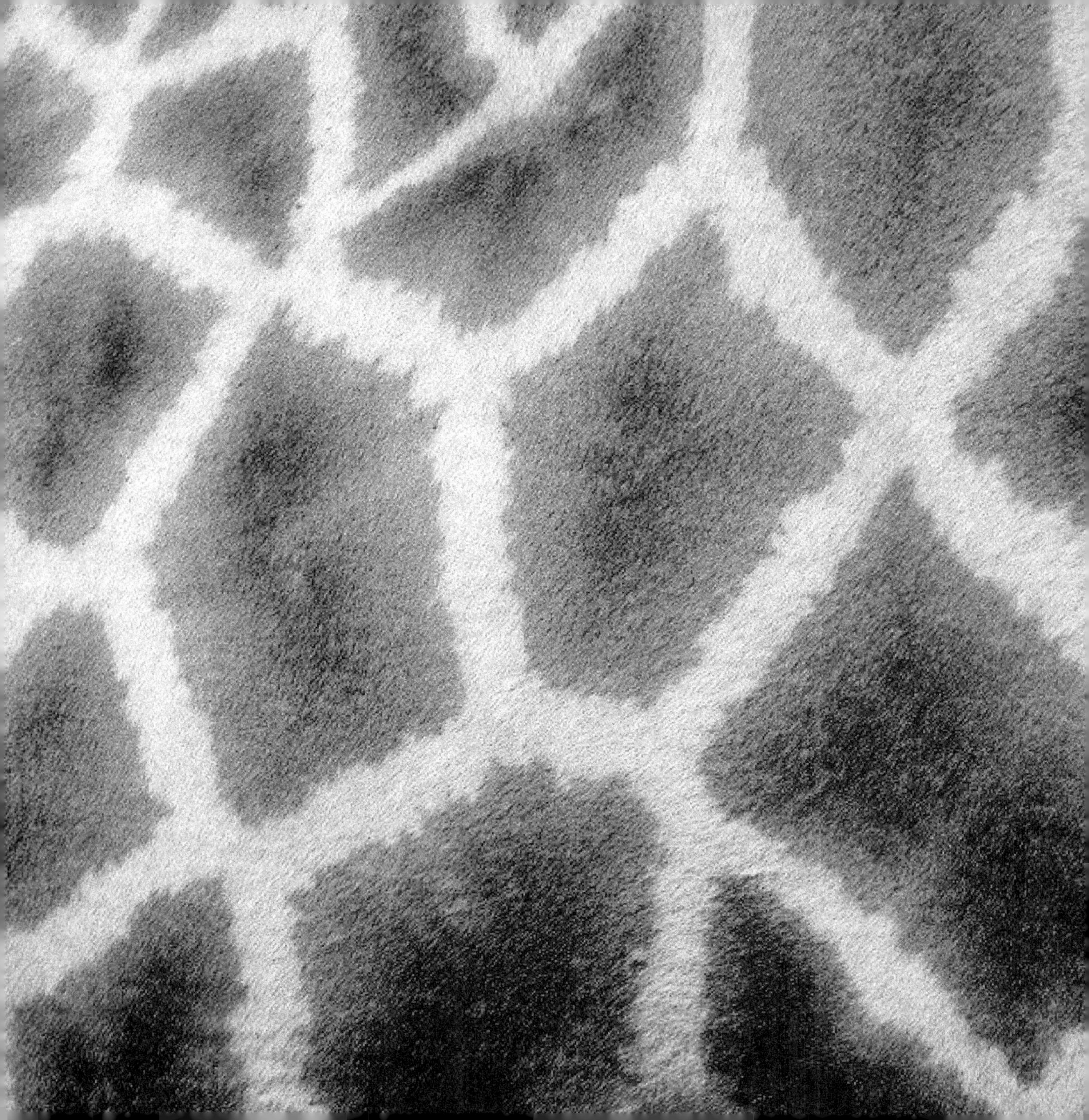

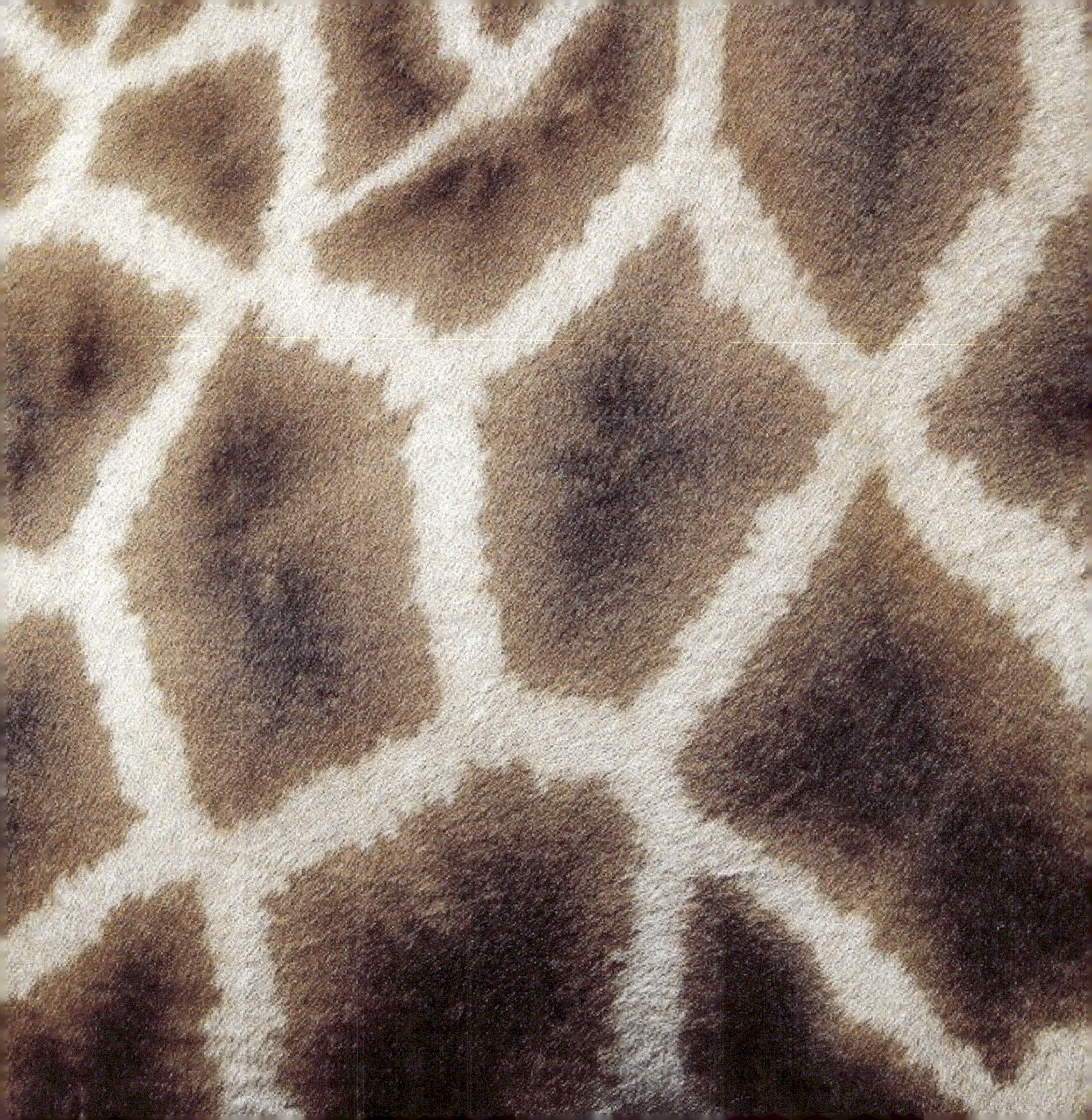

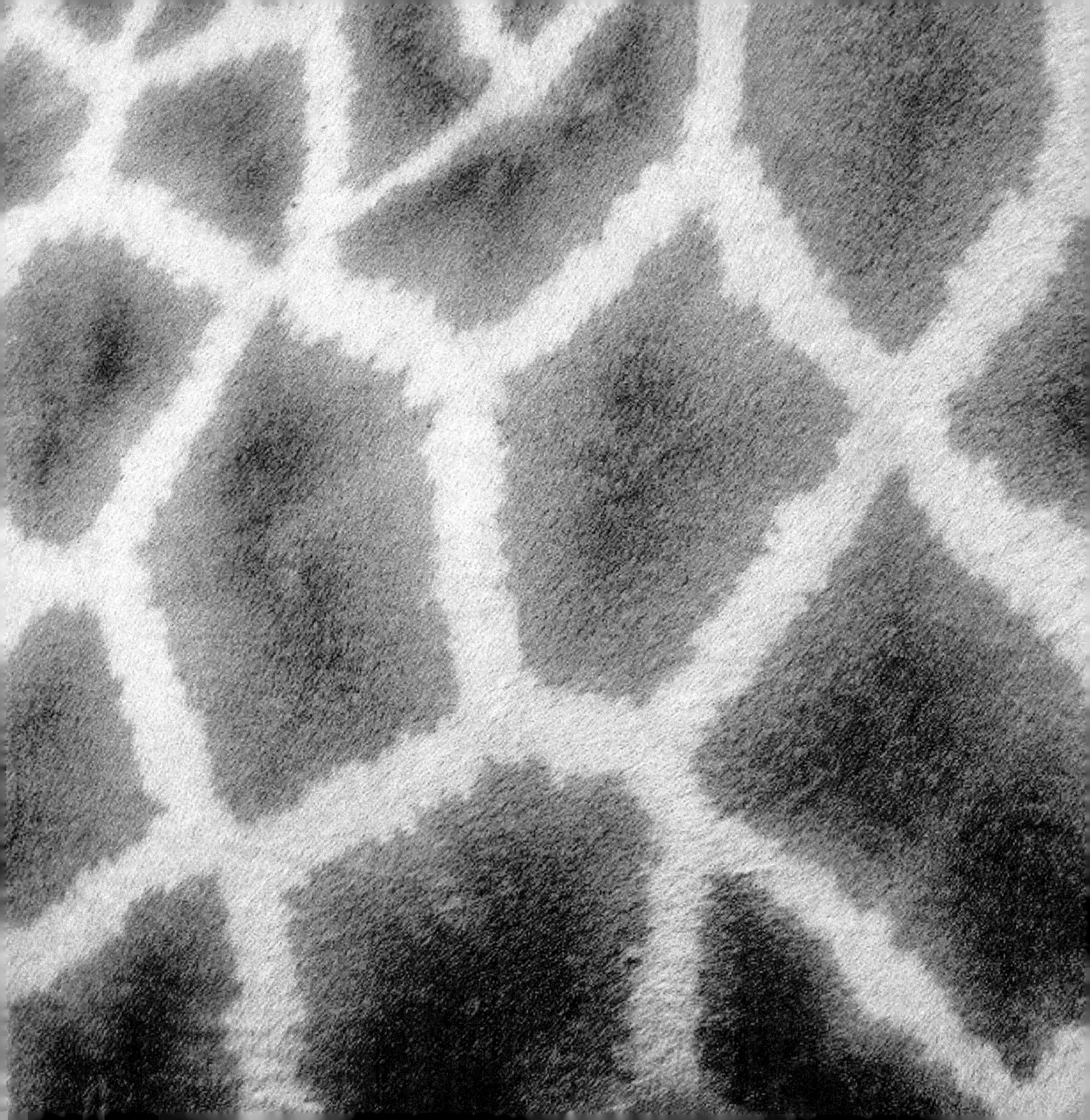

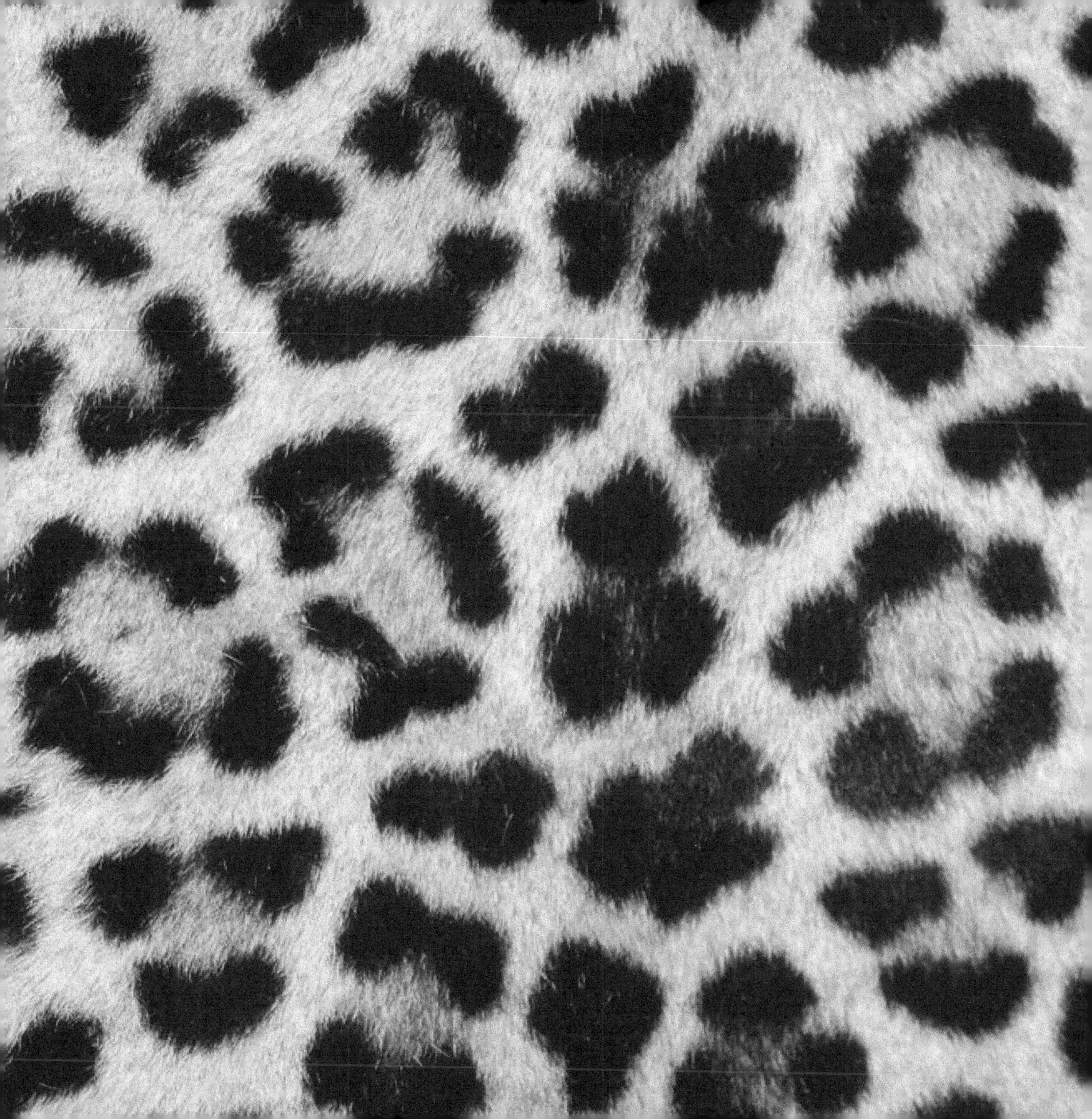

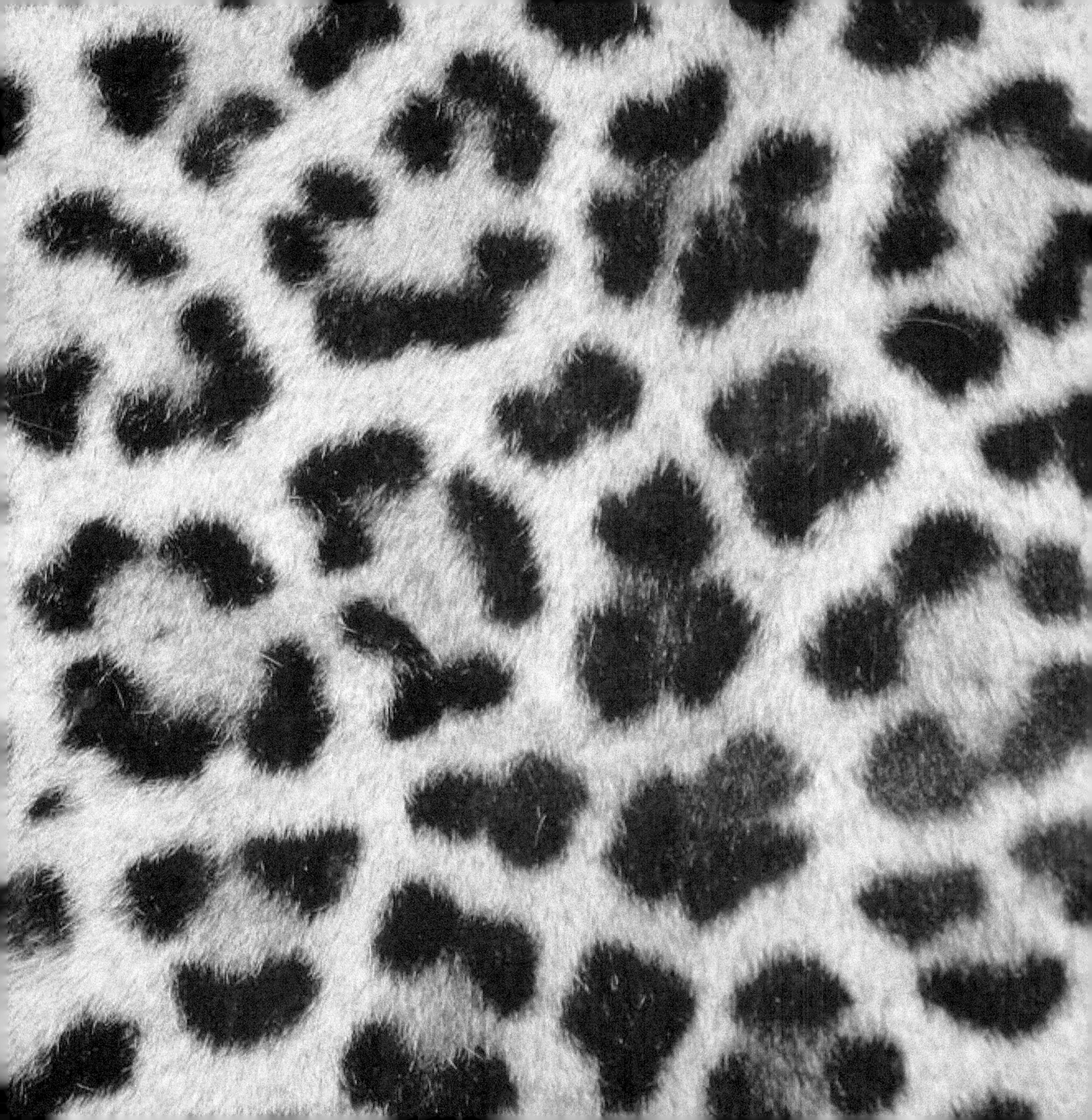

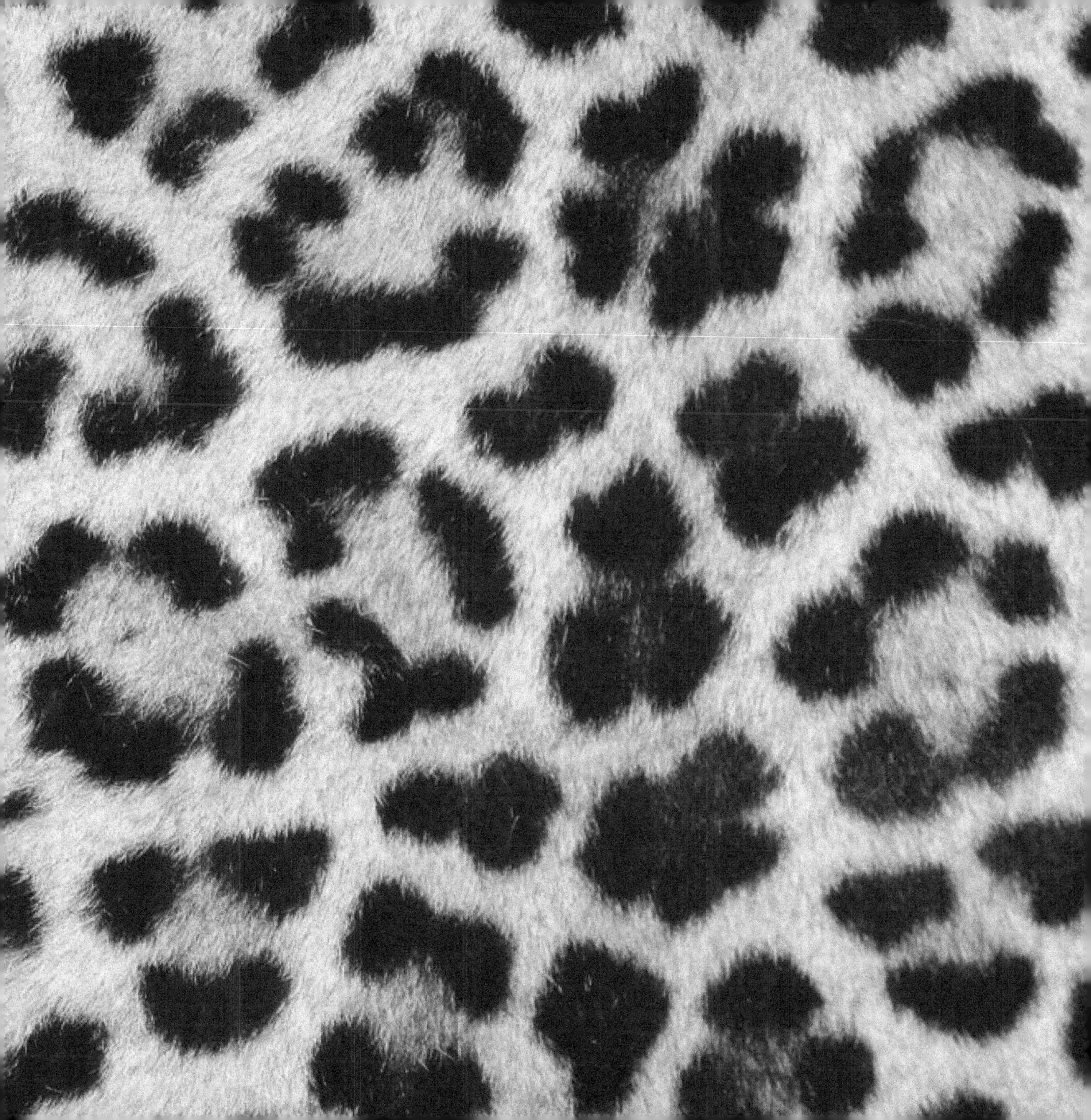

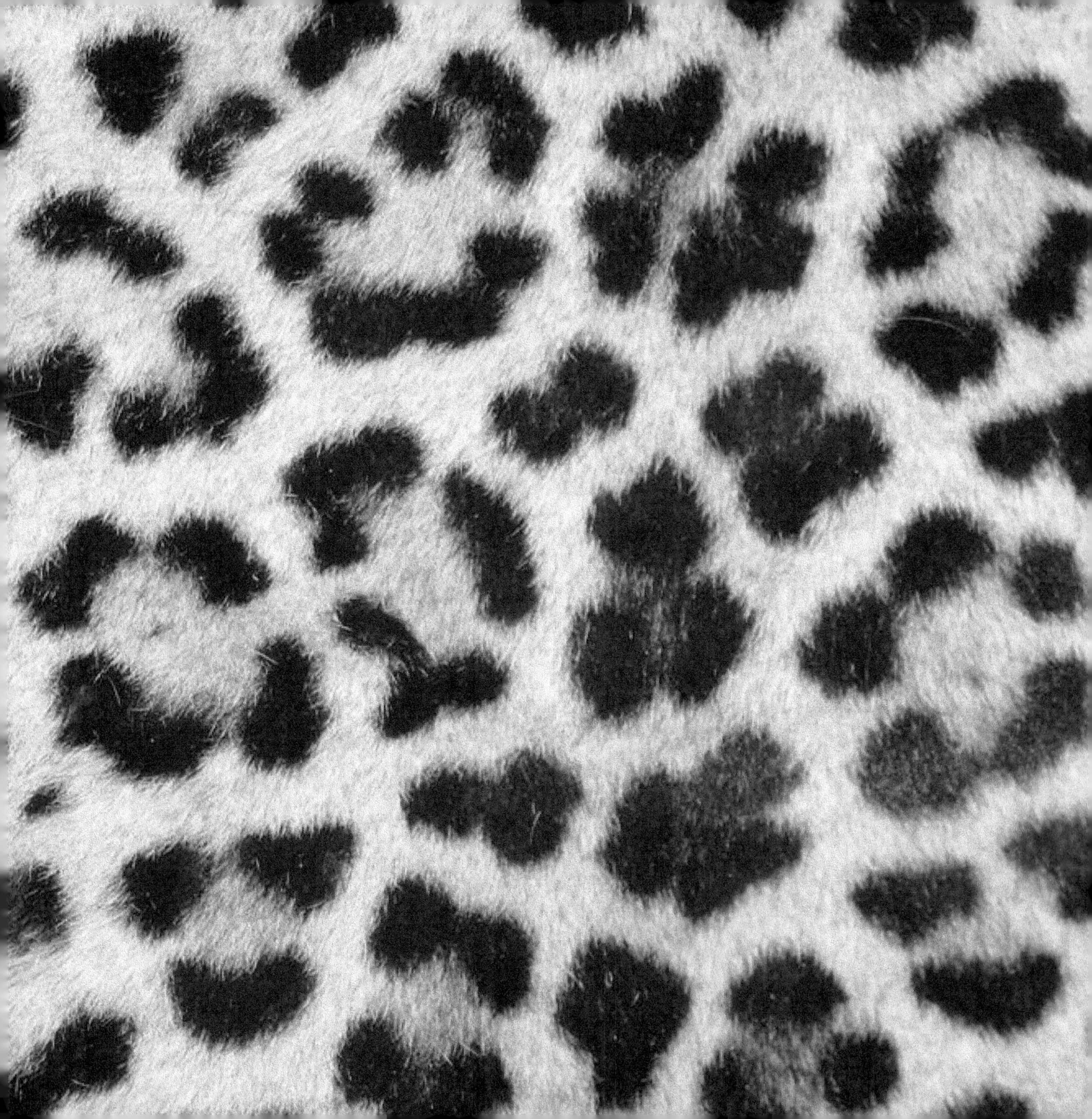

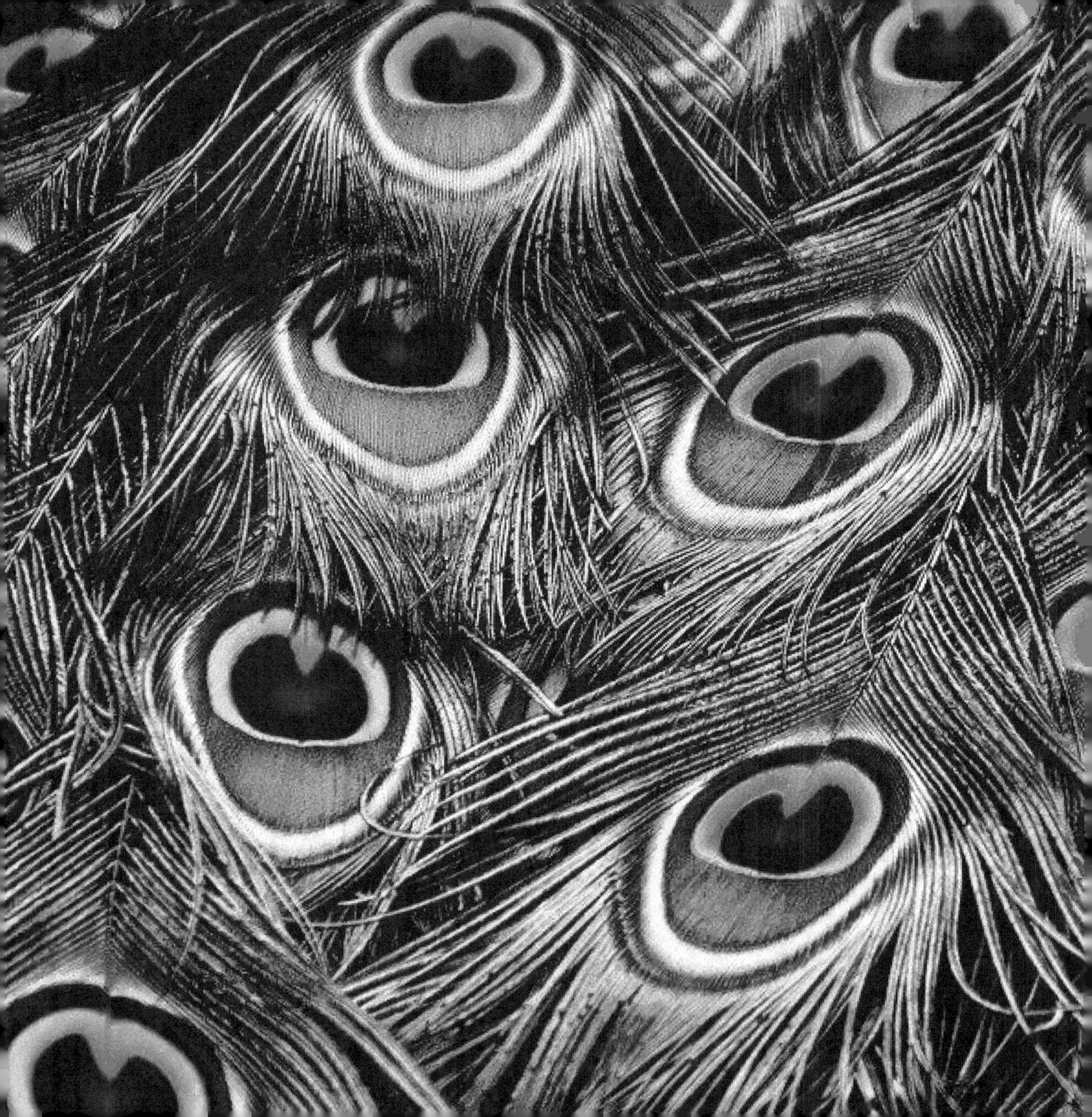

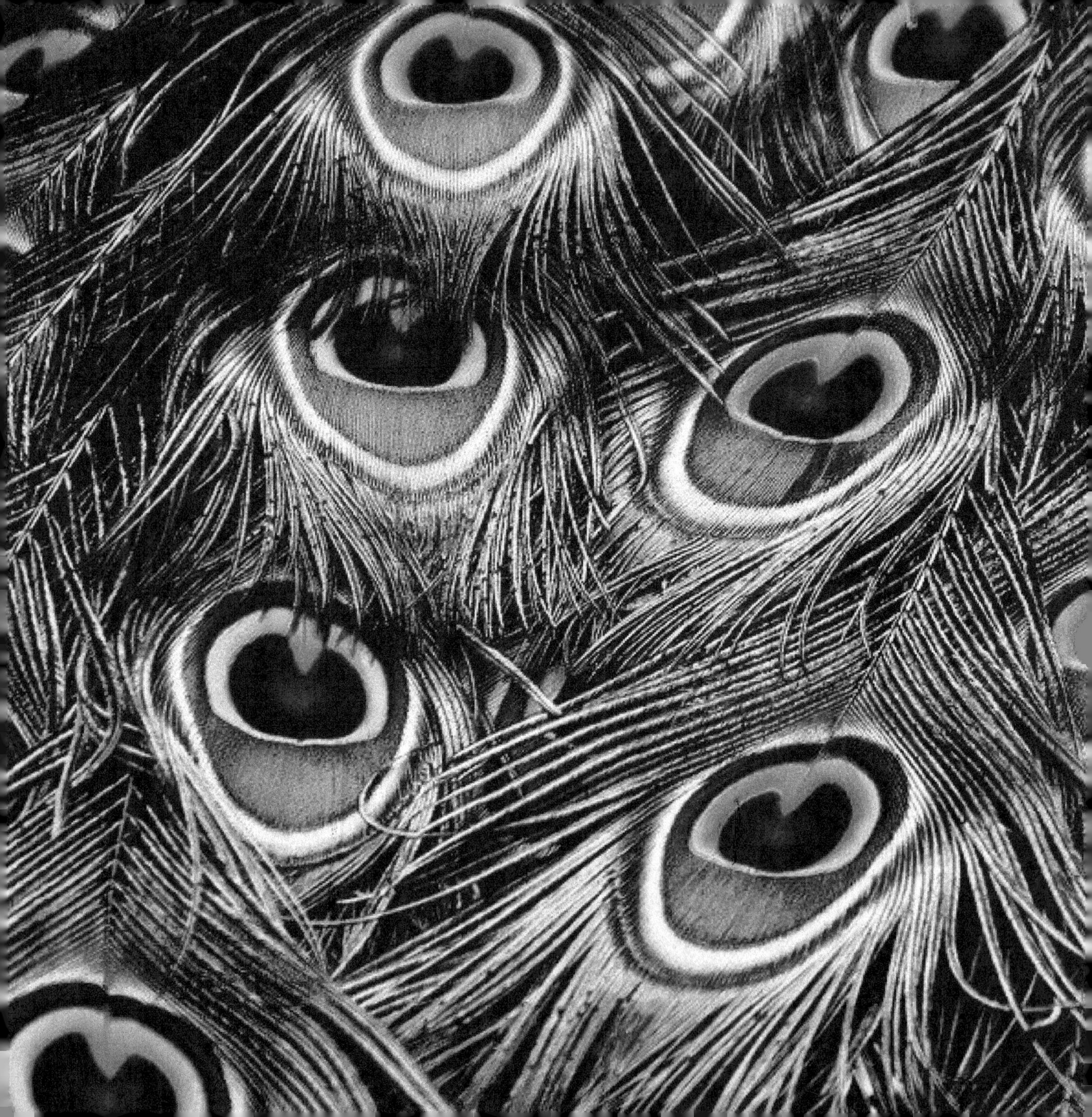

9 781951 373542